GRUPOS DE DUELO
PARA TERAPEUTAS Y LAICOS

Marina Oppenheimer, LMHC

ISBN: 9781720173083
Imprint: Independently published

Para G. que falleció, pero que siempre está conmigo.

φ

ÍNDICE

ACTIVIDADES

GRUPOS DE APOYO
¿CUÁN ÚTILES SON?

Varios estudios han demostrado en distintas situaciones clínicas que la terapia de grupo es más eficaz que la terapia individual. En este caso, sin embargo, estaremos hablando de grupos de apoyo y no de grupos de terapia. La diferencia básica entre los grupos de terapia y los grupos de apoyo es que, mientras que en los primeros las interacciones entre los participantes se utilizan como base para la intervención y la interpretación clínica, en los segundos el objetivo es proveer a los miembros asistencia e información sobre el tema del duelo.

A fin de ser eficaces los grupos deben ser homogéneos; en otras palabras, los participantes deben tener aproximadamente la misma edad y ser de cultura similar. En el caso de los grupos de duelo, es bien sabido que diferentes culturas duelan de manera distinta. De ahí la importancia de que los miembros del grupo pertenezcan a una misma cultura.

Con respecto a los que dirigen los grupos, aun los coordinadores laicos no tendrán ningún problema en empatizar con los miembros del grupo ya que todos hemos vivido experiencias de pérdida y duelo.

A pesar de que un grupo de apoyo no es un grupo de psicoterapia, me referiré a las definiciones de terapia de grupo de Irving Yalom ya que éstas también se aplican a los grupos de apoyo.

- **Universalidad**

El hecho de que los participantes del grupo compartan sus experiencias de pérdida con otros que están pasando por lo mismo minimizará su sensación de aislamiento y de ser diferente.

- **Altruismo**

El grupo es un lugar perfecto para que sus participantes se ayuden unos a otros. Este es un factor sanador en sí mismo. Ayudar a los demás permite que los miembros se olviden de sí mismos por un instante y se concentren en el dolor de los otros.

- **Infundir esperanza**

Aquellos participantes que álbum más adelantados en su proceso de duelo se convertirán en modelos para los recién llegados al grupo.

- **Impartir información**

Esta característica es sumamente importante para los grupos de duelo ya que provee a sus participantes información necesaria sobre libros, videos y recursos comunitarios.

- **Cohesión**

Un grupo cohesivo brinda a los participantes una sensación de pertenencia.

- **Factores existenciales**

Los miembros del grupo aprenderán que la muerte es una parte de la vida que debe ser aceptada e integrada en la trama de la existencia.

- **Catársis**

Catársis es el alivio emocional de una situación desagradable. Al explorar y verbalizar su dolor los participantes del grupo se sentirán más aliviados y menos angustiados.

- **Auto-comprensión**

Este factor ayudará a los participantes del grupo a comprender cómo el dolor que sienten en este momento no es sólo la suma de todas las pérdidas anteriores, sino que también está relacionado con su propio deceso.

Nota: Debido a la complejidad presente en los procesos de pérdida y duelo, el grupo no debiera incluir a más de 8 participantes.

SESIÓN 1

PRESENTACIONES

El coordinador del grupo se presenta a los participantes del grupo.

A su vez los participantes se presentan y explican qué los trae al grupo. Se les pedirá que escriban sus nombres en etiquetas autoadhesivas de manera tal que todos los miembros sepan los nombres de los demás.

Acto seguido, el coordinador preguntará a los participantes qué en su opinión es un grupo de pérdida y duelo. De esta manera el coordinador se enterará de cuáles son los objetivos de cada uno de los miembros. Después de que todos los participantes del grupo hayan expresado su opinión sobre qué es un grupo de pérdida y duelo, el coordinador dará a conocer su punto de vista.

Coordinador: *"Un grupo de pérdida y duelo es un lugar seguro en el que aquellos que han perdido un ser querido pueden expresar sus sentimientos. Un grupo es también un lugar donde se conoce a otros que han pasado por la misma experiencia y donde se aprenden otras maneras de enfrentarse con la pérdida. Se sabe que ni existe una sola manera de duelar ni un tiempo determinado para completar el duelo. En realidad, cada uno duela a su manera y a su propio tiempo".*

Acto seguido el coordinador explica a los participantes cuales son las reglas del grupo, así como la importancia de la asistencia.

Reglas del Grupo: (bajo **Reglas del Grupo**, al final del libro).

Una vez que las reglas del grupo hayan sido dadas a conocer, el coordinador hace entrega de la Actividad 1 (bajo **Actividades,** al final del libro).

Después de completar la Actividad 1, el coordinador dará a conocer a los participantes sus propios objetivos para el grupo.

1. Comprender el proceso de pérdida y duelo.

2. Incrementar la resiliencia de los participantes ante las pérdidas de la vida.

Una vez que los participantes hayan expresado sus metas para el grupo y hayan comprendido los objetivos de grupo del coordinador, éste dará a conocer la información que sigue. El coordinador alentará a los miembros a interrumpirlo con preguntas todas las veces que sea necesario.

EL IMPACTO DE LA PÉRDIDA

Quisiera empezar diciendo que una pérdida nunca se supera; lo máximo que podemos esperar es adecuarnos a ella a fin de poder enfrentarnos con nuestra vida cotidiana. Pero tal como señalara Elisabeth Kubler-Ross, no sólo nunca superaremos nuestras pérdidas, sino que tampoco volveremos a ser los mismos de antes. La aceptación de esta verdad es el primer paso en nuestra jornada hacia la vida sin nuestro ser querido.

Cuando se trata de pérdidas somos todos iguales. Hay una bellísima parábola budista que cuenta la historia de una mujer cuyo hijo había fallecido. Desesperada la mujer fue a ver al Buda para pedirle que lo resucité. El Buda la escucha atentamente y le dice: *"Ve a cada casa de tu aldea y pregúntales a los habitantes si usan mostaza en la comida. Si encuentras una casa que no use esa especia para cocinar yo haré volver a tu hijo a la vida"*. La mujer corrió a la ciudad y empezó a tocar todas las puertas de la aldea para preguntar si la mostaza era parte del menú. Desafortunadamente no logró encontrar ninguna casa que no hiciera uso de esa especia. Más desesperada que antes la mujer volvió a ver al Buda y con el rostro lleno de lágrimas le confió que le había sido imposible encontrar una sola casa sin mostaza en la cocina. Después de escucharla atentamente el Buda le dijo: "*De la misma manera que no hay cocina que no tenga mostaza, ninguno de nosotros puede evitar las pérdidas de la vida*". La mujer comprendió las palabras del maestro y regresó a su casa.

Según John Bowlby (*Attachment and Loss, 1969*) lo que llamamos pérdida es la ruptura de un apego, y cuanto más profundo el apego, más dolorosa la pérdida. Una pérdida no lo es sólo de personas, sino también de países, juventud, trabajos u objetos. O sea que la inmigración o la pérdida de un trabajo también son pérdidas significativas. Además, cada nueva pérdida reaviva el dolor de pérdidas anteriores en una suerte de proceso acumulativo. Por ejemplo, si en nuestra infancia hemos perdido a uno de nuestros padres, en cada pérdida que sufriremos después se reavivará la pérdida de ese progenitor. O sea que podríamos decir que cada pérdida del presente está conectada con todas las pérdidas del pasado. Como resultado, cuando llegamos a la última etapa de nuestra vida habremos sufrido muchas pérdidas. De alguna manera esto tiene su parte positiva ya que nos ayuda a dar inicio a nuestra propia separación de este mundo.

El duelo es un proceso individual. Dependiendo de nuestra personalidad y nuestra historia de vida, todos duelaremos de manera diferente. Es por esto por lo que resulta imposible describir de manera general cómo adecuarse a una pérdida. Sin embargo, un factor común a todos los procesos de adaptación es que lleva tiempo. Mientras que algunos de nosotros lograremos adaptarnos a nuestras pérdidas en menor tiempo, otros, especialmente si nacieron con una tendencia a la melancolía, tendrán más dificultades en gozar nuevamente de la vida.

Existe un proverbio chino que dice que **una jornada de mil millas empieza con un primer paso**. En el proceso de duelo el primer paso consiste en aceptar la realidad. En consecuencia, dependiendo de nuestra personalidad pueden tener lugar dos cosas:

- Ser capaz de aceptar lo ocurrido y empezar el proceso de duelo.

- Ser incapaz por el momento de aceptar lo ocurrido y caer en una depresión prolongada.

Ambas reacciones son procesos psicológicos diferentes. Mientras que la aceptación de la realidad conduce a que demos inicio al proceso de duelo, la depresión niega la realidad y nos transforma en víctimas del destino. Esto pospondrá el duelo, el proceso de adaptación a la pérdida, y la reorganización de la vida sin el ser querido.

Inevitablemente las pérdidas traen aparejada la desorganización de la vida. La súbita presencia de la muerte nos vuelve más vulnerables e incapaces por un tiempo de funcionar de manera regular. El sentimiento más saliente después de que un ser querido desaparece de nuestra vida es una inconmensurable sensación de ausencia que hace que nuestro futuro sea difícil de imaginar. En el caso de las mujeres que dependen de su esposo desde el punto de vista económico, la ausencia de éste se complica con el stress de la supervivencia física. La película hindú *Agua* describe la situación en la India de las mujeres que son viudas en una situación económica precaria. En los países occidentales las mujeres están sin duda en mejor situación. Sin embargo, aun a aquellas mujeres que están bien desde el punto de vista económico la muerte de un marido las obliga a tener que conformar para sí mismas una nueva identidad social.

Cuando alguien fallece lo primero que experimentan los que quedan atrás es shock. El hecho de tener que ocuparnos del funeral y otras obligaciones nos provee un momento de respiro antes de tener que enfrentarnos con la nueva realidad que nos espera. Asimismo, este intervalo permitirá que la sensación de shock vaya desapareciendo.

Durante los meses que siguen a la muerte de un ser querido estaremos obsesionados con los detalles de su fallecimiento. A veces hasta sentiremos culpa si nos quedamos con la impresión de que podíamos haber hecho más para prolongar su vida. También son frecuentes los sentimientos de ira hacia el desaparecido por habernos abandonado. En esta etapa del duelo nos invadirán la tristeza y la depresión, y no es raro que veamos a nuestro ser querido en lugares familiares. Estas alucinaciones no son el resultado de una enfermedad mental, sino que son generadas por la profunda nostalgia que sentimos por el fallecido.

A medida que la pérdida se va haciendo realidad hacemos ingreso en la etapa en la que tendremos que reorganizar nuestra vida sin la presencia del ser querido. Dicha etapa se caracteriza por una profunda sensación de miedo al futuro, no solamente con respecto a la soledad que nos espera sino también en cuanto a las finanzas y otras responsabilidades. La reorganización tiene lugar cuando decidimos que llegó el momento de encontrarle un significado a la pérdida que hemos sufrido. Una vez que hayamos aceptado la pérdida podremos volver a encontrar nuestro centro e incorporaremos la experiencia en nuestra vida. Pero a pesar de que viviremos experiencias nuevas, a menudo nos hallaremos reviviendo nuestros momentos felices o tristes con el que se fue. Esto ocurre especialmente en la vejez.

Finalmente, a pesar de que, en general, logramos adaptarnos a nuestras pérdidas, la tristeza de la experiencia sufrida quedará en nuestro corazón para siempre. Eventualmente, sin embargo, aun para aquellos de nosotros que no pudimos gozar de una relación amable con el ser querido, el tiempo nos ayudará a aceptar el hecho de que no existe relación en la que no haya conflicto, y que tenemos la opción de concentrarnos más bien en los tiempos felices juntos.

Por otra parte, aun si nuestro ser querido no está más con nosotros, existe la posibilidad de pedir perdón y de perdonar pasados malentendidos a fin de seguir adelante con nuestra vida en paz.

El coordinador distribuirá copias de la Actividad 1ª y pedirá a los participantes del grupo que identifiquen sus sentimientos en esta etapa del duelo. Esta información será procesada hasta el final de la primera sesión. Si fuera necesario, parte de la segunda sesión podrá utilizarse también para revisar dicha información.

SESIÓN 2

UNA JORNADA DE MIL MILLAS EMPIEZA CON EL PRIMER PASO
(Proverbio chino)

Tal como mencioné en nuestra primera sesión, una pérdida nunca se supera. Es más, una pérdida no debe ser olvidada y puede decirse que somos la suma de todas nuestras pérdidas. Por otra parte, por la manera en que reaccionamos a nuestras pérdidas estamos modelando nuestra propia partida de este mundo. Si somos capaces de aceptar la realidad y de enfrentar nuestros desafíos con valentía, también seremos capaces de partir de este mundo con dignidad.

La razón por la cual las pérdidas son tan devastadoras es porque con cada pérdida cambiamos, dejamos de ser los que somos para convertirnos en personas diferentes. Sin duda alguna, las pérdidas son nuestros mayores desafíos existenciales, y algunos de nosotros necesitaremos un largo tiempo antes de ser capaces de reanudar nuestras tareas cotidianas después de una pérdida significativa.

Pero tal como lo indica el título de este capítulo, ***una jornada de mil millas empieza con el primer paso.*** A medida que emprendemos nuestra jornada de duelo no tenemos que olvidar que el tiempo es nuestro aliado más valioso.

Los días y los meses posteriores a una pérdida significativa se caracterizan por una gran desorientación. Una vez terminado el funeral y después que la familia y los amigos retornan a su rutina cotidiana, nos quedamos con el vacío generado por la ausencia de nuestro ser querido. En esta etapa del duelo no existen palabras que alivien el dolor que sentimos. Recuerdo una ocasión en que llamé a un amigo que había perdido a su hijo. Me sentía tan triste y confundida que lo único que atiné a decirle fue: "Pablo, realmente no sé qué decirte en un momento como éste". Su respuesta fue: "Si estuvieras aquí me podrías dar un abrazo".

La expresión **trabajo de duelo** fue acuñada por Erich Lineman hacia 1940. Lineman estudió la reacción de la gente que había perdido un familiar en el incendio de Cocoanut Grove en 1942 en Boston. El Cocoanut Grove era un club nocturno de la era posterior a la prohibición del alcohol en Estados Unidos.

El 28 de noviembre de 1942 se produjo en dicho club un terrible incendio en el que fallecieron 492 personas y resultaron heridas muchas otras. Varias de las conclusiones a las que llegó Lindemann durante las entrevistas que mantuvo con los familiares de los fallecidos se encuentran en su libro *Symptomatology and Management of Acute Grief (1994).*

Desde el punto de vista de Lindemann el sufrimiento generado por una pérdida debe ser tratado. El autor describió la sintomatología del duelo como caracterizada por una preocupación con el fallecido, dificultades somáticas (por ej. Fatiga crónica, suspiros, problemas digestivos), sentimientos de culpa, e incluso hostilidad (hacia el muerto, los familiares y amigos, y hacia el terapeuta a cargo del tratamiento). El trabajo de duelo de Lindemann se basa en desapegarse emocionalmente del fallecido y en concentrarse en otras relaciones gratificantes.

Tal como lo mencioné en algún momento, en esta difícil jornada el tiempo es nuestro más importante aliado. Las medicaciones también son un recurso valioso. Una visita a un psiquíatra nos ayudará a comprender cómo los antidepresivos y ansiolíticos pueden ayudarnos a enfrentar la difícil tarea que nos espera con mayor serenidad. Sin embargo, ésta es una decisión muy personal ya que no todos están de acuerdo con los beneficios de las medicaciones psicotrópicas.

Sin lugar a duda, en esta etapa del duelo el recurso más importante que tenemos serán nuestra familia y nuestros amigos. Nada es más valioso que el afecto brindado por la gente que nos quiere, no sólo por estar a nuestro lado, sino también por compartir con nosotros su propia experiencia de pérdida

A pesar de la falta de energía que sentimos después de sufrir una pérdida, lo mejor que podemos hacer es transcurrir todo el tiempo disponible con familia e amigos. Esto no sólo nos distraerá de nuestro dolor, sino que también nos proveerá con la motivación necesaria para seguir adelante con nuestra vida.

Además de la medicación, la familia y los amigos existen también recursos comunitarios muy valiosos. La mayor parte de las iglesias y los templos ofrecen grupos de apoyo de duelo a la comunidad. Dichos grupos en general son liderados por voluntarios que han vivido la misma experiencia y que están deseosos de ayudar a sus semejantes. El internet es una buena manera de encontrar un grupo de apoyo cercano a nuestra casa o a nuestro lugar de trabajo. Estar continuamente ocupado es la mejor manera de transcurrir los primeros meses del duelo de manera tal a no tener que enfrentarnos con nuestro dolor hasta tanto no nos sintamos más emocionalmente preparados.

φ

Esta sesión debería ser utilizada para permitir que los participantes del grupo se explayen sobre su experiencia de pérdida. La devolución de otros miembros del grupo y del coordinador los ayudará a comenzar el duelo. Contar sus historias personales hará que los participantes se sientan más cercanos a los demás y hará que el grupo se vuelva un grupo cohesivo.

El coordinador distribuirá copias de la Actividad 2.

SESIÓN 3

No superarás la pérdida de un ser querido.
Aprenderás a vivir sin tu ser querido.
Cicatrizarás tus heridas y te volverás a reconstruir alrededor de la pérdida sufrida.
Volverás a ser entero, pero nunca serás el mismo. Ni debieras serlo, ni querrás serlo.
Elisabeth Kubler-Ross

El sendero hacia la reorganización de la vida después de una pérdida significativa es largo. Cuanto más significativa la pérdida, tanto más largo el duelo. Nuestra vida se despedazó y nos invade la desorientación, la tristeza, la ansiedad y el miedo. A menudo la sensación de desorientación generará una falta de sentido y confusión con respecto a nuestras creencias. La vida que conocíamos de pronto se evapora y nos vemos rodeados de ruinas como después de una tormenta devastadora. En lo más profundo de nuestro corazón todos sabemos que situaciones y sentimientos no son permanentes. A través de nuestra vida todos hemos aprendido que ***"no hay mal que dure cien años"***. Sin embargo, los seres humanos aborrecemos el cambio y siempre tenemos la tendencia a volver hacia lo que nos es familiar. Desafortunadamente la vida no es sino cambio y tal como Elisabeth Kubler-Ross señala, las pérdidas no están para ser olvidadas sino para ser integradas.

La única manera de asimilar una pérdida es encontrarle un significado a lo que nos ha ocurrido. Pero como dice el proverbio, del dicho al hecho hay un largo trecho, especialmente en el caso de la pérdida de un hijo. Más aún, lo que lo vuelve más complicado es que como el significado que estamos buscando tiene sentido sólo para nosotros, nadie nos puede ayudar ya que nadie ha encontrado el mismo sentido a una pérdida. En su libro *El Hombre en Busca de Sentido* (1946) Víctor Frankl señala que ninguno de nosotros puede evitar el sufrimiento, pero lo que sí podemos hacer es buscarle un sentido a lo que nos ocurrió. Esto nos proveerá con una nueva meta y nos ayudará a seguir adelante.

Por otra parte, nuestra meta en la vida no es otra que la de encontrarle un significado a todo lo que nos ocurre de manera tal que la nuestra sea una existencia coherente. No nos olvidemos que encontrarle un sentido a una pérdida no significa de ninguna manera justificar la muerte de un ser querido. Es sólo una manera de comprender cómo esa pérdida se relaciona con nuestra vida. Es más, aún si somos incapaces de comprender una pérdida, lo más importante es hacer introspección para descubrir nuestra sabiduría interior. A pesar de que nuestra existencia puede ser muy dolorosa, estoy convencida de que nunca nos traerá más dolor del que podemos soportar porque, de lo contrario, la humanidad se acabaría.

Cuando sufrimos una pérdida significativa es posible volver a gozar de la vida, pero dicha pérdida quedará con nosotros para siempre. Una de mis pacientes, quien perdió a su hija hace mucho tiempo, me confió que aún la recuerda todos los días. Sin embargo, otra paciente me dijo que su hija falleció hace tantos años que ya no se acuerda de su plato favorito.

Es usual para aquellas personas que han sufrido una pérdida tener una visión del que se ha ido en su hogar durante varios meses después del fallecimiento. Esto no es otra cosa sino el síntoma de una depresión severa y de la dificultad en dejar ir al que se fue. Todos estos síntomas deben ser aceptados como parte del proceso de duelo. Gradualmente y a medida que volvamos a reencontrar nuestro centro irán desapareciendo.

Kubler-Ross nos habló de cinco etapas en el proceso de duelo en el caso de familiares de personas con una enfermedad terminal.

- **Negación:** *"Esto no me puede estar pasando."*
- **Ira:** *"¿Por qué me pasa esto?"*
- **Negociación** (antes de la pérdida): *"Por favor Dios mío haz que esto no pase y yo haré, seré…* (llenar el espacio).
- **Depresión:** *"Me siento tan triste que no tengo energía para nada".*
- **Aceptación:** *"Siento dolor, pero finalmente he aceptado lo que ha ocurrido en mi vida".*

Es importante comprender que todos duelamos de manera diferente, y que no todos pasaremos por las etapas descritas por Kubler-Ross. O quizás algunos de nosotros pasaremos por algunas de las etapas, pero no por otras. Todo depende de nuestra historia de vida y de las pérdidas sufridas en el pasado. Cada pérdida volverá a prender la llama de pérdidas pasadas de manera tal que no sólo duelaremos por la pérdida presente sino por todas las pérdidas que vinieron antes. En este sentido cabe mencionar que, si en nuestros primeros años de vida nuestra relación con nuestros padres fue una relación emocionalmente frágil, cada pérdida posterior será mucho más difícil de aceptar.

El proceso de duelo puede ser sano o complicado. Los síntomas de este último son una depresión prolongada, es decir, falta de motivación para hacernos cargo de las tareas cotidianas, anhedonia o incapacidad de gozar de actividades placenteras, y a menudo el deseo de morir a fin de volver a reunirse con el ser querido. Recuerdo una paciente que era muy unida a su padre. El padre sufría de problemas cardíacos y, cuando falleció y estaba siendo enterrado, mi paciente sintió un fuerte deseo de arrojarse en la tumba. A pesar de que resistió el impulso, la intensa sensación de pérdida siguió viva durante muchos años hasta tanto ella no aceptó la pérdida de su padre como parte de su historia de vida.

Sin embargo, también se pueden mirar las pérdidas desde otro ángulo. Tal como señala Eckart Tolle, las pérdidas y el dolor son nuestras ventanas hacia una realidad más profunda en la que nos sentimos conectados con todos los seres humanos. El sufrimiento es el sendero que nos conduce hacia una transformación en seres más compasivos.

Recuerdo haber leído una vez que las personas felices no tienen historia. Es cierto. Es sólo a través del dolor que nuestra vida se vuelve sabiduría.

"Con la muerte de un ser querido es natural que al principio sintamos dolor. Luego se produce una suerte de profundidad. En esa profundidad vamos hacia un lugar donde la muerte no existe". (*E. Tolle, video sobre las pérdidas.*) Lo que Tolle quiere decir es que sólo la muerte de un ser querido nos brinda la oportunidad de acceder a un lugar donde todo es aceptación y finalmente paz. Si caemos presa de una depresión, tendremos dificultad en aceptar la realidad y no lograremos alcanzar aquel lugar de paz donde todo es aceptación. Al contrario, cuando logramos aceptar lo que es alcanzaremos ese lugar dentro de nosotros mismos que va más allá de la realidad visible hacia una realidad trascendente.

La vida es una jornada en la que desafíos y obstáculos deben ser enfrentados a fin de que podamos seguir adelante y podamos volvernos los seres humanos que debemos ser. Las pérdidas son uno de esos desafíos y nos enfrentan con la difícil tarea de tener que aceptarlas y seguir adelante. Como esos héroes que debían emprender un largo viaje y resolver múltiples enigmas para ser coronados reyes, nosotros también debemos aprender a enfrentarnos con nuestras pérdidas hasta que formen parte de la historia de nuestra vida.

Φ

El coordinador distribuirá copias de la Actividad 3.

SHOCK Y DESORGANIZACIÓN

Vivir es sufrir. Para sobrevivir es necesario encontrarle un significado al sufrimiento.
Frederich Nietzsche

Después de una pérdida significativa ocurre una profunda desorganización de nuestro *modus vivendi*. Las rutinas establecidas, las redes sociales en las que solíamos apoyarnos, nuestras comidas, nuestras actividades diarias, todo se nos aparecerá bajo una lente distinta. En esta etapa la mayoría de nosotros se sentirá invadido por una sensación de futilidad y una falta de objetivos en la vida. Varios son los síntomas característicos de esta etapa:

- Alucinaciones con el fallecido. Estas alucinaciones se diferencian de las alucinaciones presentes en una psicosis ya que no se originan en el inconsciente sino en nuestro deseo consciente de volver a ver a nuestro ser querido.
- Pérdida de peso
- Insomnio
- Pérdida de energía
- Anhedonia (incapacidad de gozar de actividades que antes nos resultaban placenteras)
- Una sensación de la vulnerabilidad de la vida
- Aislamiento
- Una sensación de vacío

Desde muchos ángulos los síntomas de la desorganización generada por el duelo son similares a una depresión clínica, especialmente los síntomas vegetativos que tienen que ver con el peso y el sueño. Sin embargo, ambos son procesos psicológicos diferentes ya que en el caso del duelo podemos recordar los buenos momentos pasados con el ser querido y esto nos provee un cierto respiro. En el caso de una depresión, al contrario, nada alivia nuestra sensación de vacío. Tal como señaló Freud en *Duelo y Melancolía* ***"durante un episodio depresivo volvemos nuestra ira hacia nosotros mismos en vez de integrar en nuestra vida a los seres queridos que se han ido"***.

Esta teoría de Freud de que nuestras pérdidas deben pasar a formar parte de nuestra vida parece estar en total contradicción con la teoría de Lindemann de que debiéramos emanciparnos de nuestros seres queridos para generar nuevas relaciones afectivas.

De hecho, en 1996 a nuevo libro sobre duelo titulado *Continuing Bonds: New Understanding of Grief (Klass, Silverman and Nickman)* elabora un paradigma de duelo más realista. De acuerdo con estos autores ***el trabajo de duelo no implica una emancipación de los que se han ido, sino que es necesario establecer con ellos una nueva relación.***

Durante la etapa de desorganización que sigue la muerte de un ser querido creo que es importante mantenerse ocupado poniendo orden a fin de no obsesionarse con la pérdida que acabamos de sufrir. Tal como mencioné en la Sesión 1, organizar el funeral y tener que reunirse con familia e amigos nublará la realidad por un tiempo. Luego, podemos hacer uso del mismo mecanismo a fin de vivir los primeros meses de duelo en una suerte de piloto automático. De alguna manera, lo que estoy proponiendo es que actuemos como si tuviéramos la energía para hacer cosas hasta tanto sintamos energía de nuevo. Aunque a menudo es muy difícil recuperarnos después de una pérdida importante, existe una técnica para engañar a nuestra mente a fin de que nos ayude a superar la falta de energía generada por dicha pérdida. Para llevar a cabo esta tarea deberemos seguir 6 pasos:

- *Establecer una meta. Por ejemplo: "Crearé un álbum con las fotos de mi ser querido y debajo de cada foto describiré cuando fue tomada."*
- *Determinar un día para la compra del álbum.*
- *Elegir un álbum que tenga espacio para comentarios debajo de cada foto.*
- *Hacer un diseño del proyecto.*
- *Juntar las fotos para el proyecto.*
- *Empezar a trabajar en el proyecto.*

Trabajar en un proyecto relacionado con nuestro ser querido nos permitirá canalizar la tristeza hacia algo creativo, y la acción de crear empezará a borrar de la mente la negatividad de la pérdida.

Más ejemplos:
- *Retomar el pasatiempo favorito de nuestro ser querido.*
- *Reunir cartas, correos electrónicos y otros recuerdos para armar un breviario para nosotros y nuestra familia, y regalarlo en Navidad o Rosh Hashanah a todos aquellos que puedan apreciarlo.*
- *Planear un viaje al lugar de nacimiento de nuestro ser querido.*
- *Escribir cartas a sus parientes para enterarnos de detalles de su vida de los que nunca fuimos partícipes.*

Casi todas las pérdidas traerán aparejado un intercambio de roles; a menos que sea económicamente independiente, una viuda deberá convertirse en la cabeza de la familia, y a menudo un viudo deberá ocuparse de los niños y la casa. En una situación más trágica, un progenitor deberá convertirse en un progenitor sin hijos o con un hijo menos. Tal como lo hemos mencionado, los seres humanos tenemos gran dificultad en enfrentarnos con el cambio, especialmente con el cambio generado por el duelo. En todas las áreas de la vida nos atrae lo que nos es familiar, y nos resulta muy difícil asimilar lo que no lo es. En general, lo desconocido genera ansiedad y miedo.

Desafortunadamente, nuestra única opción es la de gradualmente aceptar lo que ha ocurrido en nuestras vidas y encontrar la manera de adaptarnos a nuestra nueva realidad. Recuerden que a fin de resolver nuestro duelo tendremos que incorporar la pérdida a nuestra experiencia de vida de tal manera que siempre nos recuerde aquellos que fueron nuestros compañeros en esta jornada. Las religiones orientales señalan que nuestros seres queridos estarán con nosotros en nuestra próxima jornada. Si quedan asuntos pendientes con los que se han ido, y si creemos en esto, tendremos oportunidad en nuestra próxima vida de resolverlos.

Una de mis pacientes me contó una vez de un hombre que había conocido antes de casarse y quien –esto lo comprendió después de muchos años de matrimonio—habría sido mucho mejor marido que su ahora exmarido. El hombre falleció a los 60 años. Después de su divorcio, mi paciente tuvo varios sueños muy vívidos en los que este hombre se volvía muy cercano a ella. Esto la convenció de que lo volverá a encontrar después de que esta vida llegue a su fin.

Está de más decir que éstas son creencias muy personales que no todos compartimos. Tal como lo mencioné anteriormente, el dolor es un camino individual, y cada uno de nosotros recorrerá el sendero hacia la adaptación de manera diferente. Por mi parte yo creo que los seres humanos están hechos de energía y que no desaparecen; sufren una transformación. Lo que esto significa es que aquellas tendencias nuestras que necesiten perfeccionarse volverán a la vida hasta tanto no nos convirtamos en los seres que debemos ser. Como resultado, en nuestra próxima jornada algunas de nuestras relaciones de esta vida volverán a acompañarnos.

φ

El coordinador distribuirá copias de la
Actividad 4.

SESIÓN 5

LA PLEGARIA DE LA SERENIDAD

Dios dame la serenidad
para aceptar lo que no puedo cambiar,
la valentía para cambiar lo que puedo cambiar,
y la sabiduría para ver la diferencia.

Tal como lo mencioné anteriormente, a fin de aceptar nuestras pérdidas necesitamos tiempo; cuanto más significativa la pérdida, tanto mayor el tiempo necesario para integrarla a nuestra experiencia de vida. Recordemos que una pérdida nunca se supera; lo máximo que podemos esperar es adaptarnos a una vida sin nuestro ser querido. En el mejor de los casos, las pérdidas sufridas en el pasado nos han vuelto más sabios, y a medida que pasa el tiempo, también más fuertes para enfrentar los desafíos que nos arrojará la vida.

Lo que afecta profundamente la manera en que encaramos el duelo es la relación que tuvimos con el fallecido. Si la relación fue armoniosa, el proceso de duelo será mucho más sereno que si la relación estuvo plagada de malentendidos. Por otra parte, una relación disfuncional que nos legó varios asuntos pendientes complicará el duelo hasta el punto de que probablemente se convierta en una depresión prolongada, al menos durante un tiempo. Es bien sabido que un duelo patológico puede inducirnos a abusar drogas y alcohol, o medicamentos.

Las pérdidas también pueden afectar nuestra salud física. La relación entre cuerpo y mente es un hecho bien documentado. La correlación entre el stress y el bienestar físico ha sido extensamente explorada. *"Varios factores están relacionados con el desarrollo de una enfermedad. Entre ellos, el stress, la actitud para enfrentar los problemas, y el apoyo social con el que contamos"* (D. Después, 1999.

Stress and Illness). Diferentes estudios han demostrado una correlación positiva entre algunas enfermedades y la depresión (por ej., la hipertensión, la diabetes, afecciones de la arteria coronaria y apoplejía (*Paul J. Perry, PhD. D, 2005*). En una ocasión conocí a un padre cuyo hijo se había suicidado. El hijo era un adolescente que tenía con su padre una relación muy conflictiva. Poco tiempo después de su muerte, el padre enfermó y murió de problemas cardíacos. Literalmente hablando, se le rompió el corazón.

Las pérdidas son. sin lugar a duda, nuestro desafío más grande. Desafortunadamente, tal como señala Judith Viorst en su maravilloso libro, *Necessary Losses (1986)*, las pérdidas son inevitables. A pesar de que los seres humanos no parecemos estar bien equipados para adaptarnos al cambio, las pérdidas son un hecho de la vida. Es más, la vida no es otra cosa que falta de permanencia. Cuando perdemos a alguien o algo que para nosotros es valioso, nuestro entorno emocional y físico cambia y nos enfrenta de pronto a la difícil y ardua tarea de adaptarnos a una existencia que ha perdido uno de sus componentes más significativos.

Ya el filósofo presocrático Heráclito nos alertó en el siglo V AC que ***ningún hombre cruza el mismo río dos veces***, pensamiento que nos recuerda la no permanencia de todas las cosas. Al mismo tiempo el Buda dijo a todos los que querían escucharlo que nadie puede controlar el proceso de envejecer, de enfermarse y de morir. La única opción que nos queda es aceptar la condición humana y comprender que la única manera de gozar de la vida es permanecer en el momento presente. Cuanto más aptos somos en adaptarnos al hoy, tanto mayor nuestra sincronía con el Universo.

Aceptar lo que no se puede cambiar no es tarea fácil. Sólo puede lograrse con el tiempo y después de haber reflexionado sobre el significado de lo que nos ha ocurrido. Aquellos de nosotros con una visión transcendental de la realidad tarde o temprano encontraran la manera de integrar la pérdida a la evolución de sus vidas. A aquellos de nosotros que no creemos en una vida después de la muerte nos costará más aceptar una pérdida que es para siempre. Frederick Nietzsche dijo que lo que no nos mata nos vuelve más fuertes. La verdad es que las pérdidas no nos vuelven más fuertes, nos vuelven distintos. Al perder lo que amamos cambiamos, volviéndonos quizás más introvertidos y con una mayor tendencia a reflexionar sobre los misterios de la vida. También se acentúa nuestra necesidad de aislamiento y de silencio.

Si cada una de nuestras pérdidas fuera una hebra de distinto color y estuviera colocada en su lugar en el tapiz de nuestra vida, el diseño resultante reflejaría coherencia y significado. Sin la integración de nuestras pérdidas el diseño de nuestra vida estaría incompleto. En otras palabras, una vez aceptada la idea de que la persona que falleció completó su ciclo de vida, pero estará siempre con nosotros, nuestra tristeza dará lugar a una visión más serena de la existencia. Pero es sólo al final de nuestra vida que comprenderemos el significado total de nuestra jornada en la tierra. Por ahora sólo podemos especular.

Φ

El coordinador distribuirá copias de la
Actividad 5.

Sesión 6

NECESITARÁS ENCONTRAR UN LUGAR SEGURO DENTRO DE TÍ MISMO

Cuando se acerca una tormenta y alguien nos aconseja buscar reparo todos comprendemos a qué se refiere: que es necesario encontrar un refugio. Sin embargo, cuando hace varios años fui a ver a un psicoterapeuta después de sufrir una pérdida emocional y me sugirió la necesidad de buscar un lugar seguro dentro de mí misma tuve dificultad en comprender el significado de sus palabras. Estaba demasiado confundida. Fue sólo muchos años después que comprendí que a fin de encarar los desafíos de la existencia todos necesitamos de un lugar seguro donde retirarnos y estar al abrigo.

Cuando sentimos dolor y la vida se convierte en un peso difícil de cargar, nuestro primer impulso es acercarnos a los demás y pedir ayuda. El hecho de buscar a los demás en momentos de tristeza es muy beneficioso sólo durante los primeros meses después de haber sufrido una pérdida. Después llega el momento en que sentimos que no importa cuantos amigos tengamos o cuanto apoyo nos brindan, el vacío que invadió nuestra vida después de la pérdida parece inagotable. Es entonces que comprendemos que toda nuestra existencia necesita ser examinada y eso sólo podemos hacerlo en soledad.

Algunos años después de mi pérdida empecé a sentir la necesidad de estar sola. Fue entonces que recordé las palabras de mi terapeuta, así que traté de descubrir cómo encontrar el lugar seguro que él había mencionado. La tarea distaba de ser fácil porque el suyo era un lenguaje que sólo podía ser interpretado a través de la intuición. Trataré de describir la manera en que enfrenté esta tarea para que mis lectores puedan hacer lo mismo si lo necesitan.

La primera cosa que descubrí fue que, al cabo de un tiempo de estar con amigos, sentía de pronto la necesidad imperiosa de regresar a mi casa para pensar. Los estímulos provenientes de los demás se volvían un peso demasiado grande y que me hacía sentir fuera de lugar. En esos momentos regresaba a casa y, después de acostarme, podía detectar en el silencio de mi cuarto una realidad distinta llenando el vacío que sentía dentro de mí. Era una realidad desconocida en la que ya no me sentía sola. Un espacio onírico que invitaba al pensamiento y a la reflexión. Esos eran momentos de profunda inmersión en los altos y bajos de mi existencia, así como en todas las relaciones que habían entrado y salido de mi vida. El silencio y la oscuridad me brindaban descanso y tranquilidad, y fue entonces que comprendí el significado de la expresión "lugar seguro".

Comprendí de pronto la suerte que tenía de tener un lugar en mi vida en el que nadie podía interferir con mi nostalgia y mis recuerdos. Pero, más que nada, mientras yacía en ese espacio físico tenía la posibilidad de acceder al lugar más seguro de todos: aquel que existía dentro de mí. Cuando estoy en ese lugar yo sé que todo evoluciona de la mejor manera posible.

Acceder a ese lugar seguro dentro de nosotros mismos es una tarea basada en la humildad y la reflexión. Mucha gente accede a él a través del ejercicio, la meditación, o la plegaria. Yo accedo a ese espacio mediante el pensamiento. Después de una experiencia negativa y después que la ira y el dolor amainan, me sumerjo en mí misma para tratar de comprender mi rol en lo que acaba de ocurrir. En el caso de una muerte no hay realmente nada que comprender; y lo único que puedo hacer es aceptar que en nuestra vida ocurren hechos inexplicables. Nuestra única opción es tener fe en lo que acaece. Yo sé que, en último término, estas pérdidas debían ocurrir y que el Universo no se equivoca. Ésta es la fe que me permite acceder a esa parte profunda de mí misma donde siempre siento que estoy en el lugar correcto.

Un lugar interior seguro necesita de un espacio físico y dicho espacio debe ser acogedor. Si es nuestro dormitorio, fotografías de familia y amigos, especialmente de los que se han ido, brindarán al cuarto una sensación de la continuidad de la vida después de la muerte. Una planta y algunas flores se sumarán a la sacralidad de la habitación, lo mismo que incienso o algún otro aroma. Lo más importante, sin embargo, es que mientras estemos en retiro nos aseguremos total privacidad por lo menos por un par de horas, especialmente durante los primeros meses del duelo. El silencio y la soledad son nuestra única manera de acceder a nuestro fuero interno.

Al comienzo de este libro señalé que para poder duelar una pérdida debemos encontrarle un significado a lo que ha ocurrido en nuestra vida. Agregué que el objetivo no era justificar la muerte de un ser querido, sino tratar de descubrir la sabiduría que dicha muerte y el aparejado sufrimiento nos han aportado. Tal como yo lo veo, a medida que reflexionemos en nuestro dolor desenterraremos varias verdades acerca de nosotros mismos, acerca de la relación que acaba de terminar, y acerca de los conflictos y los momentos de felicidad que tendrán que ser agregados al tapiz de nuestra existencia.

No está en nosotros comprender la muerte de un ser humano. El que fallece es el único que sabe por qué le llegó el momento de irse. Si confiamos en el Universo aceptaremos que una muerte nunca ocurre por equivocación, pero sólo el que se va conoce la razón. Los que quedamos sólo podemos duelar y confiar en que las leyes de Universo operan en perfecta sincronía y que, cuando nos llegue la hora, cada uno de nosotros sabrá por qué su vida llegó a su fin.

Φ

El coordinador distribuirá copias de la Actividad 6.

SESIÓN 7

EL PROCESO DEL DUELO

Tal como hemos señalado a lo largo de este libro, el duelo es un proceso que ha de ser vivido a fondo y que no puede ser evitado. Si postergamos el duelo, se nos volverá a presentar, quizás bajo la forma de una depresión clínica. Así que, después de las primera semanas o meses que siguen a la pérdida de un ser querido, llegará el tiempo de empezar a incorporar dicha pérdida a nuestra vida. El proceso del duelo puede tener lugar:

- En soledad
- En el consultorio de un terapeuta
- Con un grupo de apoyo

Reveamos ahora los puntos más importantes analizados en estas páginas:

- Nunca superaremos una pérdida, pero aprenderemos a vivir sin la persona que hemos perdido.
- El duelo es un proceso individual y no existen reglas que determinen cuándo empezar o cuándo terminar el proceso del duelo.
- El duelo no se basa en olvidar a la persona que falleció; al contrario, el duelo se basa en recordar a dicha persona y volverla una parte importante de nuestra existencia.
- Buscar el significado de una pérdida no significa justificar la muerte de un ser querido, sino comprender lo que dicha pérdida nos ha enseñado en términos de compasión, empatía, y humildad.

- Para aquellos de nosotros que creemos que la vida no termina con la muerte, el que falleció no desaparece, sino que sufre una transformación.

Hay otro punto muy importante para tener en cuenta cuando se habla de la muerte de un ser querido, y es que con cada muerte nos sentimos más cerca de nuestro propio deceso. Mientras que nuestros padres estuvieron vivos todavía teníamos a la generación mayor como un escudo entre nosotros y la muerte. Pero cuando esa generación desaparece somos los próximos en la fila. Sentirnos cercanos a nuestra propia muerte será un factor significativo en el proceso del duelo ya que no sólo duelaremos por la persona que se ha ido sino también por nosotros mismos. Con cada muerte morimos un poco y cada muerte es un paso más hacia el final de nuestra vida. A medida que pasan los años empezamos a distanciarnos de las preocupaciones cotidianas para concentrarnos más en cómo queremos enfrentarnos a nuestro propio deceso.

Para los budistas la muerte es el ingreso a una nueva vida y como tal debiéramos morir en paz y serenidad. Una muerte que tiene lugar entre la confusión y el miedo no es una buena manera de empezar una nueva existencia. Es por eso por lo que es tan importante vivir una vida basada en la compasión, la honestidad, la generosidad y la responsabilidad. Vivir de la mejor manera posible nos ayudará a morir de la mejor manera posible.

Quiero terminar este capítulo diciendo que la muerte —la de otros y la nuestra—es nuestra principal maestra. Es la conciencia de la muerte la que nos induce a desarrollar nuestro potencial humano a fin de actuar con impecabilidad. Tal es el significado de la muerte.

Φ

El coordinador distribuirá copias de la
Actividad 7.

SESIÓN 8

ACCIÓN DE GRACIAS

Esta sesión debería ser utilizada para que cada participante describa cómo lo benefició el grupo y cuál fue su factor más saliente. Cada miembro del grupo deberá empezar su presentación de la manera siguiente:

Este grupo me brindó... *(expandir.)*

Los participantes deberían finalizar su presentación agradeciendo a los demás por su apoyo.

Por el otro lado, los participantes pueden elegir una de las ideas del texto para analizarla e interpretarla.

Φ

REGLAS DEL GRUPO

1. Mantener la confidencialidad. Los participantes y el coordinador mantendrán absoluta confidencialidad con respecto a los temas discutidos en el grupo.

2. Escuchar a los demás sin interrumpir. Esperar turno para hablar.

3. Respetar a los demás participantes aun si no concordamos con su opinión.

4. No es obligatorio participar, pero la participación de todos es extremadamente valiosa ya que todos aprendemos de los demás.

5. Apagar los teléfonos celulares.

6. No faltar. Cada participante es un elemento vital del todo. Cuando un miembro del grupo no está su ausencia se hará sentir.

ACTIVIDADES

ACTIVIDAD 1

Por favor complete esta actividad en 10'

1. *¿Qué espera lograr viniendo al grupo?*

ACTIVIDAD 1ª

De las siguientes palabras elija la que mejor describe su actual estado de ánimo en el proceso de duelo.

- TRISTEZA

- SOLEDAD

- MIEDO

- IRA

- CONFUSIÓN

- INCAPACIDAD DE EXPRESAR MIS SENTIMIENTOS

- ME SIENTO DIFERENTE A LOS DEMÁS

- NO ENCUENTRO NINGÚN REFUGIO

- LA SENSACIÓN DE ASUNTO PENDIENTE CON EL SER QUERIDO

- LA SENSACIÓN DE QUE NUNCA SUPERARÉ LA PÉRDIDA

- EL DESEO DE MORIR

Nota para el coordinador: si alguno de los participantes del grupo elige la última opción debería ser dirigido al hospital más cercano para tratamiento.

ACTIVIDAD 2

Si decido tomar antidepresivos, ¿dónde puedo encontrar el nombre y el número de teléfono de un psiquíatra?

¿Dónde puedo hallar grupos de apoyo en la comunidad?

Además de la medicación y los grupos de apoyo, ¿qué otros recursos puedo utilizar para facilitar mi proceso de duelo?

ACTIVIDAD 3

Piense en una situación pasada a la que tuvo que adaptarse.

¿Cómo lo logró?

¿Qué cambios sufrió con la adaptación a una nueva situación?

~ 42 ~

¿Qué pueden hacer mis amigos por mí para hacerme sentir mejor?
¿Cómo puedo pedir que lo hagan?

¿Qué actividad solitaria me puede beneficiar?

ACTIVIDAD 5

Cuando pienso en una pérdida pasada:

1. *¿Cómo cambió:*

   Mi vida cotidiana:

   Mi vida social:

   Mis finanzas:

   Mi vision del mundo:

2. *¿Logré encontrarle un significado a dicha pérdida?*

   Nota: Encontrarle un significado a una pérdida no significa que estemos tratando de justificar la muerte de un ser querido.

   Significados existenciales pueden ser los siguientes:

   - *Volverse más compasivo hacia los demás*

   - *Volverse más humilde*

   - *Querer ayudar a otros que estén pasando por una situación de pérdida. Empezar un grupo*

- *Dar comienzo a una fundación*

- *Dar charlas*

- *Aprehender el concepto de la inpermanencia de todas las cosas*

RITUALES

Los rituales han existido desde tiempos inmemoriales y su objetivo es marcar un cambio significativo de la vida. Mientras que el rito del matrimonio celebra el final de la vida de solteros, el funeral marca el final de nuestro tiempo en la tierra. La meta de los ritos es enfatizar una transición.

*Prepare un espacio en su hogar que pueda ser utilizado como lugar privado. Si vive en una casa pequeña y no hay lugar, elija un rincón en el jardín o en una plaza pública. Es necesario ir siempre al mismo lugar a fin de conocerlo íntimamente en todos sus detalles: las paredes y las fotografías, o las plantas, las flores y los animales. Siéntese en silencio por un instante, cierre los ojos, y concéntrese en el recuerdo del que se fue. Cuando se sienta cerca, escriba su nombre en el papel, su fecha de nacimiento y de muerte, la palabra **Gracias**, y entiérrelo en una maceta o en la tierra. Cierre los ojos nuevamente, respire hondo y descanse por un rato. La aceptación de la muerte descenderá gradualmente en su inconsciente.*

¿Qué le gustaría decirle al que se fue que no pudo decirle antes de morir?

ACTIVIDAD 7

Escriba en el papel cómo le gustaría ser recordado después de su muerte.

¿Cuál debería ser la inscripción en su lápida?

CONCLUSIÓN

Con esta actividad hemos llegado al final de esta jornada juntos. Mi sugerencia es que guarde sus actividades en un lugar seguro de manera tal que las pueda volver a revisar de vez en cuando. A medida que pasen los meses y los años quizás sienta necesidad de hacer algunos cambios. Recuerde que el duelo es un proceso que, en realidad, nunca se acaba.